もう迷わない!! 正しい教えは一つ

—謗法の苦悩から一転、歓喜の人生に—

「大石寺二天門」画 佐伯教通

目次

収録した体験談は、『大白法』に掲載されたものに加筆し、末尾に掲載号を記しました。

【引用文献略称】

御 書 ── 平成新編日蓮大聖人御書(大石寺版)

大聖人様の教えに私は帰る！

今、慈悲《じひ》の折伏《しゃくぶく》に立とう

広説寺信徒　曽根　まり子

そね　まりこ
東京都小平市・広説寺信徒。昭和 38 年に東村山市に生まれ、45 年に入信。平成 27 年創価学会を脱会し、現在に至る。

私は昭和四十五年に日蓮正宗に入信、同時に創価学会に入会し、昨年（平成二十七年）十月に脱会、再び日蓮正宗に帰依《きえ》させていただきました。

日蓮正宗の信徒として一から信心をやり直すつもりでおります。

破門《はもん》後の学会組織

さて、平成三年に日蓮正宗より創価学会が破門《はもん》された時の学会内は、かなりの動揺《どうよう》がありました。もちろん私も驚きました。説明も幹部によって違い、私は「再び御登山できる日を目指して頑張ろう」との言葉を信じてきました。今になって振り返りますと、学会は用意周到《しゅうとう》に準備し、組織防衛《ぼうえい》に成功したように思います。

例えば、特に平成三年以降、各組織で管理している名簿に、入信年月日に始まり状況が、こと細《こま》かに記載されるようになりました。バリバリの活動家をA、自分だけは会合に参加する人をB、新聞購読《こうどく》や財務をするが活動には参加しない人をC、会うことすら難しい全《まった》く活動しない人をDと全会員をグループ分けし、C、Dの部員に担当者を付けて選挙の投票に行ったか、財務納金は済んだかなどと管理します。

携帯電話を使って市や区のトップから送られた一斉メールは、拡散、拡散で三十分足らずで末端《まったん》会員まで届きます。その内容は、会合の追加連絡や「昨日、組織のなかに法華講員の訪問があったので、自宅に来たら絶対に応対しないこと。居座るときは、すぐに警察に通報するように」などといった指示で、会員はそれに従います。

バリバリの活動家は、『聖教新聞』一面の「我が同志へ贈《おく》る」「名字《みょうじ》の言」「寸鉄《すんてつ》」を、池田大作からのメッセージだと信じてまず読み、自分にエンジンをかけます。次いで二面の連載「新・人間革命」を熟読してさらに燃え上がり、活動に出発します。

活動内容は、本部幹部会の中継、座談会、御書《ごしょ》学習会への出席のほか、新聞啓蒙《けいもう》、選挙活動、折伏《しゃくぶく》（という名の勧誘《かんゆう》）、財務納金、副役職の会合などの細かい会合まであり、上から指示される日程と結集目標に従い、次々にこなしていきます。

また、組織ごとの新聞の部数、各会合への参加目標が決められていて、半月前、前日、当日と、最低三回は状況を報告します。

破門されて以来二十数年掛け、徹底して繰《く》り返され、バリ活（バリバリの活動家）は目標を達成することだけに多忙《たぼう》を極めます。

謗法《ほうぼう》の罪障《ざいしょう》が次々と

私は、学会の「会則」がコロコロ変更されるたびに、幹部や学会本部に指導を受けてきましたが、納得《なっとく》できる説明は一つもありませんでした。本尊が変わり、勤行《ごんぎょう》が変わり、恐れ多くも前御法主《ほっす》日顕上人猊下《げいか》に対する謗言《ぼうげん》を平気で仏壇に掲《かか》げ、御書は用《もち》いず池田の指導中心にどんどん変わるなか、バリ活の私は悩乱《のうらん》し、もう完全に思考停止しました。でも、お世話になった先輩や同志、私を信じて入信した方々と再び本門戒壇《かいだん》の大御本尊様にお目通《めどお》りできる日を目指し、すべての数字をクリアしながら、死に物狂《ぐる》いで活動しました。

しかし平成二十二年に、儀典《ぎてん》長をしていた父の末期ガンが判り、その残酷《ざんこく》な亡《な》くなり方を目《ま》の当たりにした時、「大謗法《ほうぼう》団体は、宗門ではなく創価学会なのだ」と確信しました。

張り詰めていた糸がぷつりと切れたように、私の心も身体も壊れ、重度の精神病になりました。学会では、このころ既《すで》に、精神病

総本山にて（曽根さんは左から３人目）

を患《わずら》っている人がかなりいて、あまり驚かれませんでした。私は『ニセ本尊』を巻き、御書を何度も読み返しました。

ほかにも会員に多かったのが、子供の不登校、ガンの多発、突然死、一家離散《りさん》、自殺、経済苦などです。『ニセ本尊』なのですから改善されるわけもなく、苦しむ部員さんに幹部が「池田先生がお元気なうちに宿命《しゅくめい》が出てよかった。あなたの功徳《どく》ね」などと平気で言う始末《しまつ》です。私の知り合いにも、害毒で様々に苦しみながら亡くなった方がたくさんいます。私自身、選挙のあとに腸が全部癒着《ゆちゃく》して大手術を受けたり、大きな交通事故に何度も遭《あ》ったり、家庭内で経済苦や問題が起きたりと、謗法の現証《げんしょう》に苦しみが絶《た》えませんでした。

精神病を理由に、ようやく学会と距離を置くことができました。学会のことを考えてはパニック発作《ほっさ》を起こして気絶しながらも、これからどうしていこうと毎日考え、まずは社会復帰を目指しました。現在は、職場の一部門の責任者として働いています。

病状も安定し、仕事にも慣れてきた平成二十六年秋、創価学会は「会則」を変更し、ついに本門戒壇の大御本尊様への信仰を否定《ひてい》して、本尊まで学会で認定すると発表したのです。

大聖人様の教えに私は帰る！

私が五十一歳になるまで信じて祈って、祈って頑張ってきた年月は、いったい何だったのか。折伏した五十数名の人はどうなるのか。私自身が精神病の上、経済苦。仲の良かった身内もバラバラになってしまいました。私はなんという大謗法を犯《おか》してしまったのだろうと混乱し、この時初めて、死んでしまいたいと本気で思いました。「間違った本尊に祈るのが、いかに恐ろしいことか」と、さんざん言ってきたのに、自分がその恐ろしい姿になってしまったのです。

一年近く掛かってようやく心を整理し、やはり三大秘法まします日蓮正宗に帰依させていただこうと気持ちが決まり、まず主人の許しを得て、母と共に広説寺で勧誡《かんかい》を受け、正真の御本尊様を御下付《かふ》いただきました。

その席で、御住職・阿部正教御尊師より「必ず罪障《ざいしょう》が出ると思いますが、一緒に精進《しょうじん》してまいりましょう」と温かいお言葉を頂いた時、「そうだ、感傷《かんしょう》に浸《ひた》っている暇《ひま》はない。今日から本当の広宣《こうせん》流布《るふ》を始めなくては」と、心の底から勇気が涌《わ》いてきました。

私の職場は年中無休で、帰宅も午後十一時になります。しかし、時間を見つけては、身内、そして折伏し『ニセ本尊』を持たせてしまった方々にあらゆる方法で連絡を取り、私が脱会したことと『ニセ本尊』を持たせてしまったことをお詫《わ》びしました。

創価学会にいたころから多忙のため、じっくり会えない部員さん、外部の友人、身内の計約三百人と、電話、手紙、ＳＮＳ、写真メールなどで、少なくとも月に一回は互いの近況《きんきょう》報告を習慣にしていました。私自身はなんでも正直《しょうじき》に伝えてきたので、バリ活から精神病、そして脱会という流れも、あまり説明はいりませんでした。

脱会してからの地元の学会員は一斉に着信拒否《きょひ》となり、道で会っても目も合わせてくれなくなりました。脱会した人がどのような仕打ちを受けるか、内側からさんざん見てきましたので、想像はできました。今は正真の御本尊様が守っていてくださっているので、何も怖くありません。

学会員の現状

でも今、学会にいる人達は、それが怖くて仕方ないのです。三大秘法、三宝《さんぼう》破壊の話をしても、「それはどうでもいい」と言います。口では「池田先生を裏切れない」と言いますが、実は家族の手前、組織の手前、世間の手前、今さら生き方を変えるなど、恐ろしくてできない人が多いのです。

本気で信じている人は「これが池田先生の顕《あらわ》された御本尊です」と言われたら、喜んで拝《おが》むことでしょう。そこまで思考停止になっています。活動家は、今打ち出されている活動をやることが池田大作に呼吸を合わせることになると信じ、「(池田大作を) 心のど真ん中に置いて、すべての仏敵《ぶってき》を倒していくことが弟子《でし》の闘《たたか》い」だと幹部に言われ、納得しています。大聖人様より、永遠の指導者・池田大作が一番で、大聖人様の仏法を唯一《ゆいいつ》正しく弘《ひろ》めたのは池田大作だと、本気で信じています。

自他共に本当の幸せを

私は日蓮正宗に帰依し御登山させていただいた日より、長年の頭痛がピタリと消えました。また、縁のある人を一人、二人と折伏して

共に信仰に励む講員さんと

いくなか、冷えきった家庭に笑い声が出るようになり、職場の環境もどんどん良くなっています。精神病になってから電車やバスに乗れなくなっていましたが、薬を飲まなくても乗れるようになり、長時間の車の運転もできるようになりました。脱会後はいつも「退会届」を持ち歩き、『ニセ本尊』を返納するよう話し、折伏しています。

広説寺では、御住職様、奥様をはじめ、講中の皆様が温かく受け入れてくださり、なんでも相談でき、心が折れそうな時も励ましていただいています。

今まで約三百人と連絡を取ったなかから大勢の方が脱会して、うち十八名が勧誡を受け、御本尊様を御下付賜《たまわ》りました。これからも、どんなに創価学会に行く手を阻《はば》まれても、唱題《しょうだい》によって道なき道を開き、すべてを御本尊様にお任せし、残りの人生をすべて折伏に懸け、突き進みます。

急いで学会員を救ってください！

最後に、皆様にお願いがあります。

私は昨年、日蓮正宗に帰依させていただくまで、法華講の皆様が日夜、学会員のためにお題目を唱えてくださっていることを知りませんでした。一度は死まで考えた私が一人で脱会を決断できたのは、法華講の皆様のお題目のお陰《かげ》です。

御家族、身内、知人に学会員がいらっしゃる方は早急に連絡し、会いに行ってあげてください。会ってくれないのなら、何度でも通《かよ》ってください。「会則」が変更されたことも知らない人、公《こう》明党《めいとう》支援が広宣流布だと信じている人が、まだまだいます。三宝を破壊し御法主上人猊下を誹謗《ひぼう》した団体にいること自体が、どれだけの悪業《あくごう》を積んでいるのか、慈念《じねん》を持って叫《さけ》んであげてください。私自身も、さらに精進してまいります。

（大白法・平成28年8月1日号）

真言《しんごん》宗の僧侶を辞めて、正法正師によって人生を再出発

懺《さん》悔《げ》し命懸けての弘《ぐ》通《ずう》誓う

法道院信徒　武田　陽一郎

たけだ　よういちろう
東京都豊島区・法道院信徒。平成28年9月、仏縁により、共に広布を目指す頼もしい同志と結婚。信行倍増して広布に前進。

私は小さい時から仏教には興味があり、僧侶になりたいと思っておりました。大学は数学科に入学しましたが、仏教書ばかり読みあさっておりました。

二十七歳の時、チベット人僧侶の弟子《でし》となり、チベット密教《みっきょう》の修行を始め、それを縁として三十五歳の時、高野山《こうやさん》で出家得度《しゅっけとくど》しました。

真言《しんごん》の修行三昧《ざんまい》で精神に不調来《き》たす

その後、高野山内の修行道場で百三十日間修行し、真言宗の僧侶となりました。

その年から高野山大学で働くと同時に、大学構内にある修行道場で、若い僧侶達の指導もしまし

真言宗の僧侶となってからは、毎日真剣に、チベット密教の行と真言密教の行に打ち込みましたが、四十歳の時、突然の精神的不調を来たし、仕事がほとんどできなくなりました。精神科では、鬱《うつ》病・パニック障害と診断されました。

このころ、高野山内の僧侶達が修行を全《まった》くしない、求道《ぐどう》心のない姿を見て、私は高野山に強い疑問を感じていました。そこで高野山を下《お》り、東京のＩＴ企業で働きました。

精神を元に戻そうと、必死にチベット密教の行をしましたが、精神状態が極限となり、コミュニケーションが全く取れなくなって、会社を辞めざるをえなくなりました。

絶望の淵《ふち》での邂逅《かいこう》

それから生活保護を受けての長い引き篭《こ》もり生活が始まりました。四十七歳の時でした。

生きる屍《しかばね》となった私は「人生はもう終わったのだ」とつくづく感じました。今にして思うと、謗《ほう》法《ぼう》の害毒がはっきりと現れたのです。

しかし、平成二十四年八月、五十二歳の時、書物をきっかけに日蓮大聖人様と法華経《ほけきょう》の偉大さを思い知らされ、大石寺版の御書《ごしょ》を購入し、貪《むさぼ》るように拝読《はいどく》しました。

理解など全くできませんでしたが、一言一句《いちごんいっく》が魂《たましい》に突き刺《さ》さるのです。他宗派の祖師《そし》達の著作《ちょさく》をけっこう読んできたのですが、このような体験は初めてでした。

御主管《しゅかん》の姿に　心打たれ入信

大聖人様の仏法をきちんと学んでみたい、という熱い思いが込み上げてきました。インターネットで法道院を知り、平成二十四年八月十二日、法道院を訪《たず》ねました。

そして、御主管《しゅかん》・八木日照御尊能化《のうけ》にお会いしたのです。

「なんと優しく上品《じょうひん》な方なのだろう」と思うと同時に、心が決まりました。

私の真言宗時代の師匠は、一昨年まで高野山真言宗の管長であった人でした。その師匠や高

連合会総会で発表する武田さん

野山内の住職達をたくさん見てきましたが、御主管のようなすばらしい方は初めてでした。

御主管と色々お話しさせていただき、最後に御主管は「思いきって信心しましょう」とおっしゃると、私は「はい、命を懸《か》けて信心します」と即答しました。

そしてその日、御授戒《じゅかい》を受けることができました。

それから毎日のように法道院へ参詣《さんけい》させていただき、一カ月後の九月十五日には初めて総本山への御登山がかない、御開扉《ごかいひ》を受けることができました。それは驚くべき儀式でした。

私は高野山内の、あらゆる法要に出仕《しゅっし》しました。真言宗はパフォーマンスの宗教でしかなく、法要は外見がとてもきらびやかなだけでしかありません。御開扉ほど、純粋で厳粛《げんしゅく》な法要を体験したことがありませんでした。

そのあとは、六壷《むつぼ》での夕の勤行《ごんぎょう》に参加いたしました。その時のお小僧さん達の立ち居振る舞《いふるま》いに、「私は高野山で七年間、何をやってきたのだ」と慚愧《ざんき》の念に打ちのめされると同時に、お小僧さん達から勇気を頂いたのです。

それから数日後、御本尊様を御下付《かふ》いただき、自宅での入仏《にゅうぶつ》式を執り行っていただきました。その直後から、今まで苦しくて五分も続けられなかった唱題《しょうだい》が、長く真剣にできるようになりました。

入信をしてから仙台の実家の母に電話するたびに、母は私の変わりように驚いておりました。

私が真言宗の僧侶であった時代に実家に置いてきた大日如来《だいにちにょらい》の画像を、仙台の仏眼寺に持っていって、謗法払《ほうぼうばら》いをしてもらうように言うと、母はすぐに仏眼寺に参詣して、在勤《ざいきん》の御僧侶に応対していただきました。

謗法払いを機に母が入信

電話で母と話すと、母は御僧侶の丁寧《ていねい》な応対に感激し、「私、入信しようと思うの」と喜んで話しました。

十二月九日、私は中島地区長と共に仙台に行き、母は無事、仏眼寺で御授戒を受けることができました。私の初めての折伏成就《しゃくぶくじょうじゅ》でした。そのころには、鬱状態、パニック障害は消滅しておりました。

私は毎日、朝詣《まい》りに法道院へ参詣し、勤行・唱題をさせていただき、平成二十六年四月からは、東京都内の複数のＩＴ系専門学校の講師をしております。

謗法が原因で鬱病・パニック障害となった生活保護の五十代男性が、社会復帰できたのです。通常では、ありえないことです。

「妙とは蘇生《そせい》の義なり。蘇生と申すはよみがへる義なり」（御書三六〇㌻）

と大聖人様はおっしゃっておられます。その通りであることを、私は体験できました。つまり、御本尊様の御力は疑いようがありません。

折伏にも力を注いで

その正しい御本尊様を御前にしての勤行・唱題を毎日続けるとともに、入信以来、毎年、折伏を成就《じょうじゅ》させていただいております。

去年（平成二十七年）の八月初旬《しょじゅん》には仕事の関係で、清田昌義《きよたまさよし》さんと知り合いました。何回かお会いしたのち、身の上話を伺《うかが》いました。

糖尿病《とうにょう》から来る白内障《はくないしょう》と、交通事故後のストレスから来る眼底《がんてい》出血のため、目がほとんど見えないこと、幼いころの父親からの虐待《ぎゃくたい》などの不幸な生《お》い立ちをお聞きし、清田さんを折伏しようと決意しました。

数日後、清田さんと共に法道院へ参詣しました。受付で御僧侶が丁寧に応対してくださり、その日に勧誡《かんかい》を受けることができました。

清田さんの変わりように驚いて、法道院を訪《おとず》れたいと願っていた実姉の清水せつ子さんがその後参詣され、二回目の参詣となった九月の御報恩御講《おこう》の日に、御僧侶と地区長から丁寧なお話を伺い、御授戒を受けることができました。

清水さんはたいへん熱心な方で、毎週日曜日、お寺に参詣して私と朝の勤行の練習をし、一カ月ほどで一人で朝夕《ちょうせき》の勤行ができるようになりました。

そして、十月の御講の日に清田さんが御本尊様を御下付いただき、そのあとの清田さん宅での入仏式では、御僧侶と共に読経中、清水さんは感激でずっと泣いておられました。それを見た私も胸に熱いものが込み上げ、涙がこぼれました。

また、今年の一月の支部総登山において、どうしても丑寅《うしとら》勤行に参加したいという清水さんが、願いをかなえられました。翌朝の勤行の時、清水さんは御主管に励ましのお声を掛けられて、とても喜んでおられました。

境界《きょうがい》変わる大功徳《くどく》

先に入信した清田さんは入仏式のあと、毎日朝夕の勤行をされております。時には勤行・唱題が五時間にも及ぶことがあるそうです。その結果、ほとんど見えなかった目が、少しずつ見えてきて、今では、御本尊様の妙法のお文字が見えるとのことです。

「法華経を信ずる人は冬のごとし、冬は必ず春となる」（同八三二ジペー）

清田さんも、清水さんも、私も、生まれ変わったのです。

御報恩《ほうおん》の折伏と育成を誓う

私は、二十七歳から謗法を犯《おか》し続け、真言宗末寺のたくさんの住職まで育て上げました。その結果、人生のどん底に落ちました。しかし日蓮正宗信徒となり、懺悔《さんげ》し、生まれ変わることができたのです。

本門戒壇《かいだん》の大御本尊様、御法主《ほっす》上人猊下《げいか》への御報恩と、御主管への感謝のために、さらなる折伏と育成を必ず果たしてまいります。

平成三十三年の御命題に向かって、講中の皆様と地道に、街頭《がいとう》折伏、訪問折伏、育成に精進《しょうじん》させていただきます。

かつて真言宗僧侶として懸命《けんめい》に修行した私には、友人に他宗派の住職や僧侶達がたくさんおります。彼らは、自分達の宗派の開祖を信じていないのです。そして、謗法の罪障に苦しんでいます。

そのような友人達を、一人でも多く改宗させてまいります。さらに、広宣流布《こうせんるふ》の同志として育成させていただきます。

以上、有り難うございました。


（大白法・平成28年4月1日号）

▶武田さんは平成28年9月に、同じ法道院支部の方と結婚され、現在は、御夫婦で折伏・育成活動に励まれています。

疑問の絶えぬ顕正会を捨てて

今度こそ本物の信心ができる

覚源寺信徒　平田　弓子

ひらた　ゆみこ

佐賀県鳥栖市・覚源寺信徒。平成25年7月、顕正会を脱会し入信。家族全員を脱会・入信に導く。現在も折伏に邁進中。

私は元顕正会《けんしょうかい》員です。平成二十五年に脱会しました。

顕正会員だったころの私は、この顕正会だけが正しい団体だと信じながらも、絶《た》えずどこか疑問が涌《わ》いていました。しかし、そのたびに先輩から「それは、あなたの心が濁《にご》っているからだ」などと言われ、私自身もそう思い込《こ》み、早く変わりたいと祈り、多くの方の折伏《しゃくぶく》にも、言われるままに行ってきました。

しかし生活はと言えば、逆行《ぎゃっこう》するかのように家族もばらばらになり、活動のために生活費もままならなくなりましたが、それでも折伏・集会・語り合いと、一生懸命《けんめい》に活動をしていました。

ある日、先輩である総班長のKさんに、以前、私がお世話になっていた覚源寺に「『顕正新聞』を持っていこう」と誘《さそ》われ、もう一人を加え、三人で行くことになりました。

実際とかけ離れた、うその活動報告

御住職・小林信存御尊師に新聞をひと通り読んでお聞かせしたところで、気の毒に思われたのか、「顕正会が大御本尊を大事に思っていることは解りました。しかし、奉安堂は戒壇《かいだん》の大御本尊様をお護《まも》りするにふさわしい堅牢《けんろう》な建物ですので心配無用です」とキッパリ言われ、平行線の言い合いの末、帰るように促《うなが》されました。

その足で、Kさんと私で法華講員のSさんのお宅に折伏に行きました。その方は八十歳を超え、認知症を患《わずら》っていらしたので、私達のことを法華講の方と間違えて家に上げてくださり、「大聖人様はすごいですね」と何度もうれしそうに語っていました。

すると、Kさんが「では、一緒に勤行《ごんぎょう》しましょう」と促し、なんと今までさんざん悪口を言っていた日達上人御書写《しょしゃ》の御本尊様の御前で勤行が始まりました。何度もKさんに「いいのですか」と訊《たず》ねましたが、Kさんは「いいのよ。大丈夫だから」を繰《く》り返すばかりでした。

そして数日後に行われた婦人部集会でのKさんの活動報告に、私は耳を疑いました。

御住職様の発言は「顕正会は正しい」にすり替わり、Sさんとの勤行は「家族一同、涙の入会勤行がかないました」という作り話。涙ながらに発表するKさんの姿を目《ま》の当たりにして「やっぱり違った。私は、なんてことをしたのか」と後悔しました。そして、私も同罪だと心から悔やみました。

それからは「顕正会は本当に正しいのですか。教えてください」と、本門戒壇の大御本尊様をしっかり思い浮かべて祈りました。もう、涌き出てくる疑問に目をつむり、耳を塞《ふさ》いでいくことはやめようと気持ちが固まり、御住職様や法華講の方のお話を聞き、御書《ごしょ》を開きました。すると、次々と浅井昭衛の謀《たばか》りが判っていきました。

もう迷わない!!

まず、東日本大震災以降に浅井昭衛は原子力《げんしりょく》発電反対の指導をしていましたが、約二十年前には全《まった》く逆で、原発《げんぱつ》推進の指導をしていた事実を知り、驚愕《きょうがく》しました。さらには、次々と当たることのない予言を繰り返して会員を誑惑《おうわく》しますが、外れたあとは知らぬ存ぜぬです。また、昔は「学会八百万世帯を救う」と言っていたのに、現在、創価学会の『ニセ本尊』には一切触《ふ》れません。自分達も日布上人の大幅《たいふく》の御形木《かたぎ》御本尊なる『ニセ本尊』を作製しているからだと思います。浅井昭衛が二枚舌でうそつきなことが判ると、彼らが言っている国立戒壇も、宗門から講中解散処分に付された理由も、うそだと確信するようになりました。

また、顕正会員では、御書を持っている人はほとんどいません。浅井昭衛の講義で初めて大聖人様のお言葉を知ります。しかし、それは浅井の都《つ》合《ごう》のいいように、御書を切り文《もん》にした講義となっています。

例えば浅井昭衛は、よく『松野殿御返事』を講義していましたが、

「然《しか》るに在家《ざいけ》の御身は、但《ただ》余念なく南無妙法

蓮華経と御唱へありて、僧をも供養し給《たま》ふが肝心にて候《そうろう》なり。それも経文《きょうもん》の如《ごと》くならば随《ずい》力演説《りきえんぜつ》も有るべきか」（御書一〇五一㌻）

との、御法主《ほっす》上人猊下《げいか》、御僧侶への尊信《そんしん》を表した部分は、特に顕正会にとって都合のいいように講義するばかりでした。

『日興遺誡置文《ゆいかいおきもん》』には、

「当門流に於《おい》ては御抄《ごしょう》を心肝《しんかん》に染め」（同一八八四㌻）

とあります。

それなのになぜ、浅井は会員に大聖人様のお言葉を正しく教えないのか。ほかの御文も拝すれば拝するほど、あまりの無惨《むざん》さに気が遠くなり、ひどい謀りに悔《く》やし涙が止まりませんでした。

さらに、顕正会の組織に目を落とせば、疑問を持って幹部に質問をすると、その人とは話さないようにと口コミで伝達されます。組織に横線の関係がない理由も、互いに疑問点を話し合ったりさせないためだろうと思います。また、顕正会の役員の多くが、独善《どくぜん》的でうそつきです。これは浅井昭衛を尊敬するが故に、その性格が移ってしまうのだと思います。浅井昭衛こそ、大謗法《ほうぼう》者だと思います。

御住職、支部の方々と

晴れて法華講員に

かく言う私も、顕正会の時は、こわばった顔をして攻撃的《こうげき》になっていました。「大聖人様に弓を引く大罪を犯《おか》してしまった。なんて恐ろしいことをしてしまったのか」と、夜も眠れない日々を過ごしました。

さらに色々と調べていくうちに、長野市にある妙相寺の法華講員である樋田《とよだ》さんと縁することができ、折伏を受け、平成二十五年、私は妙相寺支部の法華講員になることができました。

私が妙相寺支部に所属している間、元顕正会の人を中心に、地元・佐賀のお寺に所属された方も含めて二十名ほどの折伏が成就《じょうじゅ》いたしました。

母の成仏《じょうぶつ》の姿を見て、家族全員が入信

一生懸命に妙相寺支部講員として信心活動をするなか、今年（平成二十七年）の三月に、父から母が危篤《きとく》状態だと連絡がありました。

父が「これから覚源寺に相談に行こう」と言いました。母が平成八年に、覚源寺で入信していたからです。

父と一緒に行って、御住職様に母の葬儀のことを御相談しました。すると御住職様は「お母様は覚源寺の法華講員です。何も心配はいりませんよ」とおっしゃいました。そこで父が「妻のこともありますし、これからのこともありますから、私もこのお寺でお世話になろうと思っています」と御住職様に申し上げました。

私は、その言葉を聞いてびっくりしました。なぜなら、父は信心に反対していたからです。以前、家庭訪問してくださった法華講員の方のお話では、父は「妻が亡《な》くなったときは日蓮正宗で葬儀を出すが、私は浄土真宗《じょうどしんしゅう》だから、そっちにお願いするつもりだ」と言っていたそうです。

父の言葉を聞いた瞬間、私は涙がこぼれました。このあと、父は御授戒《じゅかい》を受けました。

母はそれから五月二十四日まで延命《えんめい》し、寿命《じゅみょう》を

唱題行に励む（最前列左端が平田さん）

全《まっと》うしました。亡くなる前日には、妹一家全員が勧誡《かんかい》・御授戒を受けることができました。

御住職様には、枕経《まくらぎょう》から導師《どうし》御本尊様を母のそばに御奉掲《ほうけい》くださり、葬儀ではねんごろに引《いん》導《どう》・御法話をいただきました。さらには火葬《かそう》場・骨揚《こつあ》げまでずっと導師をお勤《つと》めくださり、日蓮正宗の荘厳《そうごん》な葬儀に感動しました。信心をしていない主人も「すばらしい葬儀だ」と言ってくれました。

父の話に戻りますが、葬儀の前夜は、父は母の横で過ごしました。その時のことを後日の座談会で、「長い間寝たきりで病気をしていた妻の姿が、見る見る生前の美しい姿になった。この信心のすばらしさを実感した」と言っていました。

葬儀後、母の菩提寺《ぼだいじ》で先祖供養《くよう》をしたいと思い、妙相寺の御住職・落合尊福御尊師に御相談した結果、かつて入信させた息子・娘と共に覚源寺に移籍《いせき》することになりました。

移籍が済んでから、「すばらしい葬儀だ」と言ってくれた主人を折伏しました。創価学会、顕正会と私が振り回してしまった主人は、今回は自分から勧誡を受けてくれました。すべて母や御住職様、法華講の方々のお陰《かげ》と感謝しています。そして、晴れて家族全員、覚源寺で信心ができるようになりました。

寺院に参詣《さんけい》できる有り難さ 唱題《しょうだい》、折伏の喜び

遠隔地《えんかくち》の寺院から移籍して覚源寺の所属となってからは、お寺によく参詣《さんけい》するようになりました。寺院に参詣して有り難いと思えることは、お寺の常住御本尊様にお詣《まい》りでき、すぐに直接、御住職様に御指導をいただけることです。

そして、その御本尊様がいらっしゃるお寺の草むしりとか掃除、お膳《ぜん》下げなどの、身の供養をさせていただけることが何よりの喜びです。

顕正会では「法華講は年寄《としよ》りばかりで、折伏をしていない」と悪口を聞かされていましたが、実際には信心に熱心な方も多く、日々、激励をいただいています。その激励のお陰で、仕事で忙しいなかでもお寺に行くことの大切さを忘れずに過ごすことができます。今年七月の、御法主日如上人猊下が総本山で唱題なさるのに合わせて、お寺でも朝八時から行われた一カ月間の唱題行に、皆さんの激励のお陰で毎日、参加できました。

そして折伏も、覚源寺に所属してから十五人の方に声を掛け、そのうち七人の方には、成就には至りませんが、膝《ひざ》を付き合わせて折伏させていただくことができました。

覚源寺支部講員になってから、まだ主人以外の折伏は成就していませんが、御法主上人猊下から頂いた御命題《めいだい》に、少しでも力になれるよう精進《しょうじん》してまいります。（大白法・平成27年11月1日号）

鬱《うつ》病、記憶喪失《そうしつ》…。苦悩のなかで出会った正法

『ニセ本尊』は奪命者《だつみょうしゃ》！

深妙寺信徒　四十坊　健

しじゅうぼう　けん

北海道室蘭市・深妙寺信徒。謗法の罪障に苦しむなか、平成22年に創価学会を脱会。親族を正法に導く。

私は昭和四十一年十二月、十七歳の時に友人の勧《すす》めで、創価学会を通じて日蓮正宗に入信しました。それ以来「自分は正しいことをしている」と固く信じ、懸命《けんめい》に学会活動に没頭《ぼっとう》しました。

平成三年に日蓮正宗から破門《はもん》された時も、創価学会に疑問を持つどころか、恐れ多くも当時の御法主《ほっす》日顕上人猊下《げいか》を「呼び捨て」にして罵《ののし》るほどでした。それから七年が過ぎたころ、謗法《ほうぼう》の現証《げんしょう》が私の身に降りかかり始めました。

やる気を喪失《そうしつ》　次第に症状重く

ある日突然、仕事に身が入らないと言うか、やる気がなくなり、たびたび休憩《きゅうけい》を取らせてもらうようになりました。それは、日を追うごとに重く

なり、少しずつ回数も増えていきました。

何日かして、社長に呼ばれ、「とにかく、おかしいから一度、病院で診《み》てもらえ」と言われ、病院に行ったところ「鬱《うつ》病」と診断《しんだん》されました。今思えば、学会から『ニセ本尊』を渡された時期と重なります。私は『ニセ本尊』に向かって一心不乱《ふらん》に題目を唱え、病気が治るよう必死に祈りました。

良くなるどころか、病状は悪くなる一方。仕事を何日も休むようになり、解雇《かいこ》されました。しかし、学会組織にどっぷり浸《つ》かっていた私は、これが現証であるとは気づけず、「まだお題目が足《た》りないのだ」と自分を責《せ》め続けました。

そして、とうとう最終段階とも言うべきことが、私の身に現れてきました。

記《き》憶《おく》が十日間も途切れる異常

平成二十二年の春、土木《どぼく》作業の会社に就職できたのですが、急に十日間も無断欠勤をしてしまったようなのです。

なぜ「ようだ」と表現するのかと言うと、私自身は今も、その十日間の記憶《きおく》が全《まった》くないのです。

その十日間の出来事を、あとから他人に聞いた話で再現すると、職場の仲間が朝、迎えに来てくれるのですが、まるで初対面の人に接するような態度で生気《せいき》がなく、翌日も、その翌日も変わらぬ私の態度に皆が気味《きみ》悪がって、だれも迎えに来なくなったそうです。

私は、職場の仲間が来てくれたことなど、全く憶《おぼ》えていません。

また、これも記憶がないのですが、姉や妹に電話をしたようです。電話の内容は「自分はだれなのか」「あなたとは、どういう関係なのか」と聞く始末で、心配した姉達は私を必死に捜《さが》したようですが、私は行方《ゆくえ》不明で、捜し当てることができなかったようです。

私が我《わ》れに返ったのは、自宅の風呂場でした。と言っても、優雅《ゆうが》に入浴していたということでなく、風呂場でバケツに水を張《は》り、カッターナイフで自分の腕《うで》を切っていたのです。皮肉《ひにく》なことに、あまりの痛さに正気を取り戻し、十日ぶりに我れ

講中の皆さんと

に返ることができたのです。

私自身は、なぜこんなことをしているのか、何が自分に起こっているのか判断できないまま、しばらく呆然《ぼうぜん》としていました。その後、会社の社長に連絡して救出してもらいました。

勧誡《かんかい》で病が完治
御報恩《ほうおん》の折伏《しゃくぶく》を

この時になって初めて「もしかしたら、創価学会は間違っているかも知れない」と思い始めました。また、以前より近所の法華講員から折伏《しゃくぶく》を受けていたこともあって、平成二十二年、やっと勧《かん》誡《かい》を受けることができたのです。

大聖人様は、

「法華《ほっけ》を心得《え》たる人、木絵《もくえ》二像を開眼供養《かいげんくよう》せざれば、家に主のなきに盗人《ぬすびと》が入り、人の死するに其《そ》の身に鬼神《きじん》入るが如《ごと》し（中略）鬼入りて人の命をうばふ。鬼をば奪命者《だつみょうしゃ》といふ。

御住職、講頭さんと共に

魔《ま》入りて功徳《くどく》をうばふ。魔をば奪功徳者といふ」（御書六三八㌻）

と仰せです。

私が手を合わせ一心に題目を唱えていた対象は、御法主上人猊下の御開眼もなく、御允可《いんか》もなく、勝手に配布されているために「鬼」や「魔」が入っている『ニセ本尊』だったのです。創価学会発行の「御本尊に似《に》たもの」によって正常な精神状態を奪われ、危《あや》うく命さえも奪われそうになったのでした。

さて、勧誡を受け正法《しょうぼう》に復帰できたとは言え、長い間、創価学会員として大謗法を犯《おか》してきた罪はなかったことにはならず、さらに五年の間、鬱病に悩《なや》まされました。その間、法華講の同志が私を励ましてくれました。そのようななかで少しずつ勤行《ごんぎょう》もできるようになり、病状も薄紙《うすがみ》を剥《は》ぐように改善《かいぜん》されてきました。

そして平成二十七年に、やっと病院から「すっかり完治しました」と言われました。私は、病院から深妙寺に直行《ちょっこう》し、御本尊様にお礼のお題目を唱えながら、この御恩《おん》は折伏をもってお返ししていこうと、心の底から思ったのです。

するとどうでしょう。翌日から勤行が楽しく、お題目も真剣に唱えられるようになったではありませんか。それからは、とにかく折伏をさせていただきたいとの一念で、御本尊様に祈る日々が続きました。

姉と妹を御本尊様のもとへ

そして昨年（平成二十七年）十月十日、母の二十三回忌《き》の法要を深妙寺で執り行うことになり、姉二人、妹一人と姉弟四人が久しぶりにそろいました。

法要が終わり、帰りかけた時、御住職・秦道夫御尊師が「来月の二十二日に仏法講演会がありますので、是非、参加してください」と全員にパン

お姉さん、妹さんと一緒に

フレットをお渡しくださったのです。その日は、総本山大石寺塔中《たっちゅう》・理境坊妙観講の方々が折伏の応援に来てくれることになっていて、「仏法講演会」が予定されていました。

「母の法要を通して仏縁《ぶつえん》を持ったのだから、まずはこの姉妹を正法に導《みちび》こう」と決めました。二番目の姉は遠方《えんぽう》のため、今は無理としても、室蘭《むろらん》に住む一番上の姉と妹を折伏しようと思いました。姉は日蓮宗身延《みのぶ》派なので、比較《ひかく》的簡単に破折《はしゃく》でき、入信するかも知れないと期待し、反対に妹は、今は浄土真宗《じょうどしんしゅう》で若いころに阿含《あごん》宗を熱心に信仰していたから、難しいかも知れないと思いながら、当日を迎えました。

しかし、前日まで「必ず行く」と言っていた一番上の姉は、体調を崩《くず》して来られなくなり、妹だけ参加しました。驚いたことに妹は、その場で入信を決意しました。共に話してくれた妙観講支部の方も喜んでくれ、何よりも私は、御本尊様の仏《ぶっ》力《りき》・法力《ほう》のすごさを心から感じることができました。

早速、翌日から謗法払《ばら》いと改宗に走り、妹は涙を流しながら御授戒《じゅかい》を受けました。そしてお仏壇を購入し、十二月六日に晴れて御本尊様をお迎えできました。さらに、妹は折伏にも励み、本年（平成二十八年）七月に二名の方を正法に導くことができました。

一度来られなくなった姉も、その後、お寺に連れていって御住職に何時間も掛けて破折していただき、三度目の来寺で、心から納得《なっとく》して御授戒を受けることができました。

今、三笠市にいる二番目の姉を姉弟三人で折伏しています。その二番目の姉の娘（私にとって姪《めい》）が私の近所に住んでいて、創価学会員でした。この姪も日蓮正宗に帰伏《きぶく》させてやりたいと妹と連絡を取り合い、副講頭夫妻にも協力いただいて折伏したところ、本年一月十九日に勧誡を受けることができました。（注・三笠市のお姉さんは、平成二十八年十一月二十二日に、晴れて入信されました）

させていただいているという気持ち

私は、毎月の御報恩御講《おこう》に参詣《さんけい》することがうれしくて仕方ありません。折伏が楽しくて仕方ありません。仏様のお使いをさせていただいているという気持ちで、折伏に励む毎日です。仕事の面でも、社長や周りの人が「変化《へんげ》の人《にん》」となって守ってくれていると感じるほど、大きく状況が変わりました。

正法を正しく修行すること、特に折伏の実践には大きな功徳があるという教えは本当だと実感しています。罪障消滅《ざいしょうしょうめつ》のため生涯《しょうがい》折伏に邁進《まいしん》し、自分の体験を話し、正法を語っていくことをお誓いし、体験発表とさせていただきます。

（大白法・平成28年10月16日号）

法華講員体験談シリーズ

もう迷わない!! 正しい教えは一つ

平成29年1月1日 初版発行
平成29年2月28日 第2刷発行

ISBN 978-4-905522-51-5

ISBN978-4-905522-51-5
C0015 ￥185 E

9784905522515

1920015001856

定価 200円
(本体185円+税)

蓮蔵坊と法祥園の新緑